Het Grote Gouden Winterboek

RUBINSTEIN

ISBN 9789047615156 / NUR 272
Derde druk, 2015

Deze bundel is samengesteld uit vier reeds verschenen Gouden Boekjes en een nieuw Gouden Boekje genaamd *Jingle Bells*.

Vertaling: Sofia Engelsman

Vormgeving: Ubald en Titia Seveke

www.goudenboekjes.nl www.rubinstein.nl

Inhoud

De kleine eekhoorn die het koud had 5
Door Kathryn B. Jackson. Geïllustreerd door Richard Scarry.

Het kerstvarken 8
Door Kathryn B. Jackson. Geïllustreerd door Richard Scarry.

Jubelientje op het ijs 9
Door Hans Hagen. Geïllustreerd door Philip Hopman.

Een jaar in de stad 37
Door Lucy Sprague Mitchell. Geïllustreerd door Tibor Gergely.

Jingle Bells 79
Door Kathleen N. Daly, gebaseerd op een oud kerstliedje.
Geïllustreerd door J.P. Miller.

Het kerstfeest der dieren 103
Door Nienke Denekamp. Geïllustreerd door Raoul Deleo.

Van lente tot winter 131
Door Hans van der Voort. Geïllustreerd door Fiep Westendorp.

De sneeuwschoenkonijnen 159
Door Kathryn B. Jackson. Geïllustreerd door Richard Scarry.

Het kerstgeschenk van meneer Egel 165
Door Kathryn B. Jackson. Geïllustreerd door Richard Scarry.

Richard Scarry

De kleine eekhoorn die het koud had

Er was eens een kleine eekhoorn die het de hele winter koud had – ’s ochtends, ’s middags en ’s avonds.

Maar ’s nachts, dan had hij het toch wel het allerkoudst. En op kerstavond, brrr! Hij kon gewoon niet slapen.

Hij kroop zijn holletje uit en ging op een besneeuwde tak zitten, rillend onder de sterren.

‘Het is kouder dan ooit,’ zei hij. ‘Maar het lijkt ook een beetje een magische nacht.’

Snel rende hij langs de boomstam omlaag.

Hij huppelde door de sneeuw.

‘Misschien vind ik wel een magische warme jas,’ zei hij. ‘En magische warme laarzen.’

Helaas vond hij helemaal niets, in die stille, magische nacht.

Maar plotseling zag hij iets in de verte – iets warms en vriendelijks.

Het was een gezellig klein huisje, en door de ramen straalde kaarslicht.

De kleine eekhoorn rende erheen en klauterde op de schoorsteen.

Vlak voor de open haard zat een kleine wollige wasbeer. Ze zei tegen haar moeder:

'Ik wou dat de Kerstman me een echte, levende pop bracht!'

En precies op dat moment gleed de kleine kleumende eekhoorn uit op het ijs. Hij tuimelde zo de schoorsteen in!

Het wasbeertje pakte hem op en knuffelde hem.

'Daar is mijn echte, levende pop!' riep ze uit. 'Ik ga meteen een warm jasje voor hem maken, en warme laarzen.'

En de kleine eekhoorn krulde zich op in haar armen, helemaal knus en warm in die koude, magische nacht.

Richard Scarry

Het kerstvarken

Een varken ging winkelen,
heel vrolijk en blij.
Cadeaus ging hij kopen.
'En niet EEN ding voor mij!'
Dat zei, ja dat zei het varken.

Hij zag rode wanten
met boompjes versierd.
'Zeg, die wil ik graag,
in MIJN maat, winkelier!'
Dat zei, ja dat zei het varken.

'Wat me ook wel bevalt
zijn die trui en die slee.
Verder neem ik wat snoep
en die bokshandschoen mee.'
Dat zei, ja dat zei het varken.

'En op mijn verlanglijst
staan ook nog een boek,
een horloge, wat appels
en kransjes van koek.'

Dat zei, ja dat zei het varken.
'Leuk!' riepen z'n vrienden.
'Maar alles is voor jou!
Van ons krijg je niets meer,
wat maak je ons nou?'

Dat zeiden, ja zeiden z'n vrienden.
Op kerstavond lagen
dus netjes op rij
alleen zijn cadeautjes.
'Fijn kerstfeest voor MIJ!'

Dat zei, ja, dat zei het varken.
Maar leuk was het niet
dat z'n vriendjes niets kregen.
Z'n spaarvarken kon hij
gelukkig nog legen.
'Eens kijken, hoor,' zei het varken.

'Ik ga vlug naar de winkel
en besteed elke cent
aan cadeaus voor m'n vrienden–
ik ben heus geen krent!'
Dat zei, ja heel blij, het varken.

Een Gouden Boekje

Jubelientje op het ijs

DOOR Hans Hagen
TEKENINGEN VAN Philip Hopman

OORSPRONKELIJK NEDERLANDS "GOUDEN BOEKJE"

Verhaal: Hans Hagen · Tekeningen Philip Hopman
Andere *Jubelientje*-boeken van Hans Hagen en Philip Hopman verschijnen bij Em. Querido's Uitgeverij, Amsterdam

Jubelientje doet haar das om en ze trekt haar wanten aan.
'Ik ben klaar. We gaan.'
'Je vergeet iets belangrijks,' zegt oma. 'We gingen toch…'
'O ja!' roept Jubelientje, 'mijn schaatsen!'

Jubelientje en oma gaan een schaatstocht maken,
samen met Dirk-Jan.

'Wat een harige jas,' zegt Dirk-Jan, 'je lijkt wel een beer.'
'Goed gezien,' antwoordt oma. 'Want ik kan beregoed schaatsen.'

Ze lopen langs het weiland naar de sloot.
Witte rook wolkt uit de monden van de paardjes.
'Ze hebben het gloeiend heet,' zegt Jubelientje.
'Ze staan vanbinnen een beetje in brand.'
'Nee joh,' zegt Dirk-Jan, 'ze halen gewoon adem.
Als ze dat niet meer doen, dan vallen ze om.'

Oma trekt de veters van haar schaatsen strak aan.
Ze doet voorzichtig twee slagen, en dan...

‘Oó... hóó... whíí-wháá... hèlp!’
‘Het lijkt wel circus!’ roept Dirk-Jan. ‘Een pirouette, een handstand en bijna een salto.’

‘Sjonges...’ hijgt oma, ‘even wennen.
Het ijs is vreselijk glad vandaag.’
‘Wil je tussen ons in?’ vraagt Jubelientje.
‘Graag,’ antwoordt oma,
‘of wacht eens, ik zie daar
nog iets sterkers staan.’

Links, rechts… krsj… krsj… Oma rijdt weg met haar handen op de leuning.

'Lekker stevig,' zegt ze. 'Heerlijk zwieren op twee benen en vier houten poten.'

Krsj… krsj… links, rechts…

Bij het startpunt kopen ze een stempelkaart – oma betaalt.

'Welke tocht gaan jullie rijden?' vraagt Krijn. 'Die van tien kilometer of die van vijfentwintig?'

'De langste,' zegt Jubelientje.

'We doen de korte,' zegt oma, 'want ik weet niet of mijn stoel het wel haalt.'

Krijn roept hen na: ‘Veel plezier! Blijf op de baan. Niet vallen. Aan het eind van de tocht krijg je hier...’

‘Joehoe!’ jubelt Jubelientje, ‘aan het eind van de tocht krijg je hier een echte medaille!’

Ze schaatsen achter de sneeuwschuiver aan. Ze gooien brood naar de eenden... 'Niet te dicht bij het wak,' waarschuwt oma. 'Straks glij je er in en dan heb je óók een nat pak!'

Kwáák-kwak-kwak-kwáák, snateren de eenden. En de ganzen gakken gak-gak!

Ze komen langs landjes met schapen...

...langs goudgeel riet en elzenbomen.

Een man met ijs in zijn baard stempelt de kaarten.

En dan weer verder, pootje over, krsj-krsj...

...slag na slag en sloot na sloot.

'Wedstrijdje doen?' vraagt Dirk-Jan. 'Even sprinten?'

'Tot het huis op de palen!' roept Jubelientje.

'Ik tel wel af,' zegt oma, 'want ik heb een blaar op mijn hak en mijn benen zijn moe: één, twee, drie...'

Jubelientje ligt plat op haar buik.
'IJs is een soort glas,' zegt ze, 'heel sterk glas dat vroeger van water was.'

Toink, klinkt het dof. TOINK-TOINK!
'Oei,' zegt oma, 'een scheur... Ik hoop dat het ijs iedereen houdt en dat het vandaag nog niet barst.'

'Jullie zijn al over de helft,'
zegt de man in het hokje.
'Alsjeblieft, stempeltje twee. Gaat het nog mevrouw?'
'Nog net,' antwoordt oma. 'Mijn schaatsen zijn bot.
Ik damp als een paard, maar we worden gered:
ik zie daar Koek en Zopie staan.'

Ze kopen warme chocomel en alle drie een koek. De mensen schuiven een stukje op – er komen precies twee plaatsen vrij.
'Dank je wel,' zegt Jubelientje. 'Op het ijs is iedereen aardig en iedereen kijkt blij.'
'Klopt als een bus,' zegt oma, 'want als je niet van schaatsen houdt, dan ben je hier niet bij.'

Na de choco en de koeken wil oma verder gaan, maar als ze opstaat...

'Aah... oeh, mijn benen... Zijn jullie ook zo stijf?'

'Blijf nog maar even zitten,' zegt Dirk-Jan.

'Eerst trok jij ons, nu duwen wij.'

Met drie mooie stempels komen ze bij de finish aan.

'Zóó...' zegt Krijn, 'zóó... jullie zijn snel terug. Lever de kaarten maar in – die dingen zijn goud waard.'

'Goud?!' roept Jubelientje. 'De eerste prijs, hoera! Nu komt de burgemeester met medailles en twee meisjes voor de zoenen, nu klinkt er eerste-prijs-muziek.'

Maar het blijft stil. Er is geen burgemeester. Geen zoenen. Geen bloemen. Alleen de arm van Krijn die naar een grote emmer wijst.

'Pak er maar een uit,' zegt hij, 'je hebt hem zelf verdiend.'

In de emmer liggen duizenden medailles, allemaal dezelfde, allemaal zonder lint.

Ze schaatsen stilletjes naar de schoenen. De zon hangt laag, het is al laat. Dirk-Jan en Jubelientje willen naar de open haard.

'Even wachten nog,' zegt oma, 'we moeten nog iets belangrijks doen.'

Oma trekt de veters uit haar schaatsen, ze pakt de medailles...
'Ta-terá-tááá! Jubelientje en Dirk-Jan, dit is de officiële prijsuitreiking. Klim eens op de stoel. De bloemen moeten nog groeien – die vind je morgen op de ruit van de schuur misschien. Maar nu...'

Oma geeft twee dikke zoenen, plechtig hangt ze de medailles om.

'Jippie,' zeggen Jubelientje en Dirk-Jan, 'wij zijn kampioen!'

Een Gouden Boekje

Een jaar in de stad

DOOR Lucy Sprague Mitchell
TEKENINGEN VAN Tibor Gergely
VERTAALD EN BEWERKT DOOR Jan Paul Schutten

Published by Rubinstein Publishing bv, Amsterdam by arrangement with Random House Children's Books, a division of Random House, Inc., New York, New York U.S.A.

'A Year in the City' by Lucy Sprague Mitchell, illustrated by Tibor Gergely

IN DE STAD is het altijd druk. Het hele jaar door. Het hele jaar door. Auto's toeteren in de straten. Boten loeien in de haven. Treinen tsjoeken het station binnen. Voetstappen klikken op de stoep. Trams ratelen door de straten. Vliegtuigen suizen door de lucht. *Toet-toet! Moe-moe! Tsjoeke-tsjoek! Klik-klak! Ratel-ratel! Whoesj!*

In de stad haasten drukke mensen zich naar hun werk.

Sommigen werken in winkels waar ze spullen verkopen. Anderen maken dingen in een fabriek. Sommigen rijden paard. Anderen rijden in een vrachtauto. Weer anderen besturen een bus, of een paard en wagen. Of een locomotief of een boot. Of zelfs een vliegtuig. Sommigen bouwen huizen of bruggen. Anderen maken de buizen die onder de grond lopen.

Het hele jaar kijken Jenny en Marc naar alles wat er in die drukke stad gebeurt. Bij de rivier ziet Jenny schoorstenen. Er komt altijd rook uit. Of het nu lente, zomer, herfst of winter is. Het zijn de schoorstenen van de fabrieken.

In elke fabriek maken ze iets anders. In de ene fabriek maken ze meubels. In de andere kleren of schoenen en in weer een andere maken ze beschuit.

Jenny woont in een heel hoge flat. Ze kan de vliegtuigen zien en de boten in de haven. 's Nachts hoort ze de treinen tsjoeken. Marc woont in het gebouw naast haar, op de onderste verdieping. Hij ziet de mensen, paarden en bussen op straat. En mannen die de buizen onder de grond maken. In de lente, zomer, herfst en winter zien Jenny en Marc alles wat die drukke stad doet.

De schilders gaan buiten aan het werk
De tulpen bloeien in het perk
In de kraampjes kun je bloemen kopen
Er zijn meisjes die met hoepels lopen

In de lente

WASSE

IN DE LENTE verven de schilders alle hekken buiten– eerst rood, dan zwart of groen of grijs. Het hek voor Marcs huis is geverfd, net als de brandtrap aan de achterkant. Jenny kijkt naar de schilders die de grote brug over de rivier verven. Ze koopt met haar moeder erwtjes en aardbeien bij een kar. 'Bloemen te koop!' roept een man in Marcs straat. Marc koopt met zijn moeder geraniums voor in de bloembak.

Bouwvakkers beginnen in de lente met bouwen. Met graafmachines graven ze een groot gat aan de overkant van de straat. Een cementmolen mengt cement met kleine steentjes. De mannen maken een vloer van cement. Grote vrachtwagens slepen grote stalen balken af en aan. De bouwvakkers slaan die met grote gloeiend hete pinnen aan elkaar vast. Daarna komen de metselaars, timmermannen, stukadoors, schilders en mannen met buizen en snoeren. De mannen beginnen in de lente met bouwen. Maar ze werken ook in de zomer. Jenny en Marc vinden het leuk om ernaar te kijken en te luisteren.

Het hele jaar door brengen de treinen melk van de boerderijen naar de stad. Elke ochtend zet de melkboer twee flessen melk voor Marcs huis en nog eens twee voor Jenny's flat. Andere treinen brengen meel en suiker, en groente en fruit.

Zo heeft de groenteboer altijd sinaasappels, appels en verse groenten. Marc en Jenny gaan mee naar de winkel, ze helpen met het dragen van de boodschappen. Al het groente en fruit uit de winkel komt van boerderijen buiten de stad.

AIRBUS

Er zweven vliegtuigen boven de stad. Jenny hoort ze als ze haar raam open doet. Ze vliegen hoog in de lucht. Veel hoger dan Jenny's flat. Daarna landen ze bij het vliegveld van de stad, vol met reizigers en postzakken. Marcs vader neemt Marc en Jenny op een dag mee naar het vliegveld om naar de vliegtuigen te kijken.

'Als ik groot ben, word ik piloot,' zegt Marc.

'Misschien word ik ook wel piloot,' zegt Jenny.

In het park spuit de grote fontein
De kleintjes spelen op het plein
Wagens sproeien de straten nat
En kinderen nemen een voetenbad
IN DE ZOMER

D. S.

IN DE ZOMER is het druk in de stad. Grote vrachtauto's zijn volgeladen met zand en stenen. Mensen zitten op het dak van de bussen. Het dakraam van de taxi's staat open. Zo waait er een frisse wind over hun passagiers. Jenny en Marc rijden met hun fiets op de stoep. Ze zien alle vrachtauto's, bussen en taxi's.

De straatveger sleept een vuilnisbak op wieltjes door de straat. Met een bezem veegt hij al het vuil op een blik met een steel eraan. Hij kiepert het afval in de bak en gaat weer verder.

Op een warme dag rijdt er een spuitwagen door hun straat. Het water spuit er aan alle kanten uit. Het stroomt daarna als een riviertje door de goot. Marc en Jenny hebben het ontzettend warm. 'Dat water is lekker koel,' zegt Marc. Jenny doet haar sandalen uit. 'Kom op Marc,' zegt ze. Zo gaan ze aan de kant van de straat staan zodat het koele water lekker over hun warme voeten plonst.

Een moeder die aan de overkant van de straat woont, rijdt met een kinderwagen op de stoep. Marc en Jenny gaan op hun tenen staan om er in te gluren. Ze zien een baby met rode wangetjes lekker slapen. Hij heeft blote beentjes, voetjes en armpjes.

Op een dag breken mannen met scherpe houwelen de straat voor hun huis open.

'Wat doen jullie daar?' vraagt Jenny.

'We verbinden de buizen en de snoeren in het nieuwe huis met de pijpen onder de straat,' zegt de man.

'Wat loopt er door die pijpen?' vraagt Marc.

'Door sommige pijpen stroomt water. Door andere gas. En in weer andere pijpen liggen snoeren.'

'Wat voor snoeren?' vraagt Jenny.

'Snoeren voor de elektriciteit. Zodat de elektrische bel, het licht en het fornuis in het nieuwe huis het doen. Maar er loopt ook telefoondraad. En al die buizen en draden lopen door de straten in de stad.'

'Ook naar ons huis?' vraagt Marc.

'Ja hoor,' zegt de man. 'Ze lopen naar elk huis in de stad.'

De boten hebben het druk in de zomer. Jenny en Marc varen met de pont. Ze zien in de verte een grote stoomboot de haven binnenvaren. Ze horen de toeter. Toet-Toet bromt hij laag. Alle boten in de haven gaan snel aan de kant voor het grote schip. De pont van Jenny en Marc haast zich naar de overkant van de rivier. Vissersboten draaien hun zeilen en varen weg. Sleepboten die een schip trekken, gaan opzij voor de stoomboot. Maar zes kleine sleepbootjes gaan niet aan de kant. Ze fluiten met hun hoge stoomfluitjes.

Fwiet-fwiet-fwieeet! klinkt het. Ze varen naar het grote schip.

Mannen op de sleepbootjes gooien touwen naar mannen op de stoomboot. Daarna duwen en slepen ze het schip naar het dok.

Jenny en Marc gaan in de zomer elke dag naar het park. Ze rijden met hun driewielers over de paadjes. Om de beurt duwen ze elkaar op de schommel. Ze varen met hun bootjes in het water bij de fontein. Door de wind waait het water uit de fontein over hen heen. Daarna lopen ze net zo lang in de zon tot hun kleren weer droog zijn.

In het park bloeien bloemen—rode, witte, oranje en gele. Onder de bomen liggen Jenny en Marc in de schaduw op het gras. Ze kijken omhoog. Jenny ziet een oranje met gele vogel. Marc ziet een eekhoorn met een lange pluizige staart.

'Onder een boom is het lekker koel in de zomer,' zegt Jenny.

Grote kinderen gaan naar school
Een vrachtwagen stort de zwarte kool
De nacht is koud, de bomen kaal
Het wordt weer tijd voor een warme sjaal

IN DE HERFST

uitverkoop
KOOP
Gouden
Boekjes

699

IN DE HERFST wordt het elke dag kouder. De kolenwagen stopt voor het huis van Marc. De voorkant van de laadbak gaat omhoog. De kolen gaan door een luik in de stoep een stortkoker in. Kletterdekletter! Ze vallen allemaal in Marcs kelder. En Jenny's kelder! Nu hebben ze kolen waarmee ze het in de winter lekker warm kunnen stoken.

In de herfst staan er verhuiswagens in de straat. Ze stoppen bij het nieuwe huis. De chauffeurs dragen meubels het huis binnen.

In de herfst gaan de grotere kinderen naar school.

Marc en Jenny lopen naar het schoolplein. Ze kijken hoe de kinderen naar binnen gaan. ‘Misschien gaan wij hier volgend jaar ook wel naar school,’ zegt Marc tegen Jenny.

'Het is tijd voor je warme jas,' zegt Jenny's moeder. Maar Jenny's oude jas is nu te klein voor haar. En Marcs oude kleren zijn ook te klein voor hem. Dus gaan ze naar een grote winkel. Het wemelt er van de kinderen die net als Jenny en Marc te groot zijn geworden voor hun kleren van vorig jaar.

De sneeuwploeg schuift de sneeuw opzij
De auto's kunnen er niet voorbij
Op straat ruik je de dennenbomen
En op de rivier is ijs gekomen

IN DE WINTER

SNEL DIENST
POST
POST
POST
POST
POST POST

IN DE WINTER begint het te sneeuwen. De wind blaast de vlokken met heel zachte plofjes tegen Jenny's raam. Ze kan het nieuwe huis aan de overkant bijna niet meer zien. Als de zon weer schijnt, ziet ze dat alles onder de sneeuw ligt. De hele stad is wit en stil. Jenny en Marc gaan met hun slee naar het park. Ze glijden van een heuveltje af.

'Joepieee!' roepen ze lachend in de sneeuw.

Op de straten ligt een dik pak sneeuw. De sneeuwploeg schuift luid brommend de sneeuw opzij. Marc en Jenny horen het en rennen eropaf om te kijken. De sneeuwschuiver rijdt langzaam door de straat. Als hij klaar is kunnen de auto's er weer rijden.

Er ligt ook een dik pak op de treinrails. Op het spoor rijdt een sneeuwschuiver die vooruit wordt geduwd door een locomotief. Hij veegt de sneeuw op een grote berg aan de kant van het spoor. Daarachter rijdt de trein die melk naar de stad brengt.

Marc ziet de wagon met melk voor zijn huis stoppen.

Hij rent naar de deur. 'Ik was bang dat jullie vandaag niet zouden komen,' zegt hij. 'Er ligt zoveel sneeuw.' De melkboer lacht. 'Het moet wel héél hard sneeuwen om de trein met melk tegen te houden.'

Dan komen de kerstbomen de stad binnen. Ze komen uit een streek waar veel bomen groeien. Soms per trein, maar ook wel eens op vrachtwagens. Er zijn zelfs kerstbomen die met de boot komen.

Voor de winkels staan rijen kerstbomen. De vaders van Marc en Jenny kopen allebei een kerstboom.

De postbode bezorgt het hele jaar brieven. Naar Jenny's huis en naar Marcs huis. In december wordt zijn tas met post steeds zwaarder.

In zijn tas zitten pakjes. Grote en kleine. Marc en Jenny leggen de pakjes onder de kerstboom.

De boten in de haven hebben het zwaar in de winter. Er drijft dan allemaal ijs op de rivier. IJsbrekers breken het ijs zodat de boten weer vooruit kunnen. De ijsschotsen botsen tegen de boten. De boten varen langzaam tussen de schotsen door. Jenny bekijkt ze vanuit het raam van haar flat. Ze hoort de boten toeteren en fluiten.

'Het lijkt wel alsof ze boos zijn op het ijs,' denkt Jenny.

De schilders gaan buiten aan het werk
De tulpen bloeien in het perk
In de kraampjes kun je bloemen kopen
Er zijn meisjes die met hoepels lopen
IN DE LENTE

In het park spuit een grote fontein
De kleintjes spelen op het plein
Wagens sproeien de straten nat
En kinderen nemen een voetenbad
IN DE ZOMER

Grote kinderen gaan naar school
Een vrachtwagen stort de zwarte kool
De nacht is koud, de bomen kaal
Het wordt weer tijd voor een warme sjaal
IN DE HERFST

De sneeuwploeg schuift de sneeuw opzij
De auto's kunnen er niet voorbij
Op straat ruik je de dennenbomen
En op de rivier is ijs gekomen
IN DE WINTER

Of het nu vriest, of het nu dooit
Auto's en bussen stoppen nooit
Winter of zomer, in ieder seizoen

In de stad is altijd iets te doen
Het hele jaar door!

Een Gouden Boekje

Jingle Bells

EEN NIEUW VERHAAL DOOR Kathleen N. Daly
GEBASEERD OP EEN OUD KERSTLIEDJE
TEKENINGEN VAN J.P. Miller
VERTAALD DOOR Adrienne Hak

Dit Gouden Boekje is nog niet eerder in Nederland verschenen.

Published by Rubinstein Publishing bv, Amsterdam by arrangement with Random House Children's
Books, a division of Random House Inc., New York, New York, U.S.A.
Vertaling: Adrienne Hak.

Daar komt de familie Beer, *zoevend door de sneeuw, het paardje in galop*.

Papa Beer en Mama Beer en de twee babybeertjes in een open arrenslee.

'Dwars door veld en dorp!' roept Papa Beer en hij laat zijn zweep knallen. De slee glijdt voort.

De berg op naar de top! De babybeertjes zingen kerstliedjes en knagen aan een kransje.

Pieter Paard vindt het heerlijk om voor de slee te draven. Hij zwaait met zijn staart en de babybeertjes zingen:

Belletjes tink'len luid. Jongens, ga opzij. En verder vliegen ze, met de wind om hun oren.

Ze komen aan in Konijnenburg, een gezellig stadje. De konijntjes komen naar buiten gerend en roepen: 'Hé, hallo daar!'

'Kom erbij!' roep Papa Beer, 'we gaan een ritje maken.' Knuffie Konijn en zijn drie zusjes springen in de slee.

Basje Big en zijn vriendin Kitty Kat stappen ook aan boord. En Hendrik Hond, Rob Zeerob en Willem Wasbeer.

Ieder zingt uit volle borst. Wij voelen ons zo vrij.

Steffie Struisvogel komt aangehold en wil ook mee. Ze springt op de tree van de slee en begint meteen te zingen. Ze zingt wel een beetje vals, maar niemand vindt het erg. Het is immers kerst!

Jingle bells, jingle bells, in een open arrenslee.
Oh, wat gaan we heerlijk zo, wie wil er met ons mee?
Zo gaat het lied dat ze zingen.

Dwars door velden en langs dorpen, allemaal lekker warm ingepakt. Maar plotseling: 'Stop!' roept een stem. Wie zou dat nou zijn?

Daar staat een man in een rood pak en een witte baard. Hij draagt grote zwarte laarzen en een zak over zijn schouder – het is de Kerstman!

'Help!' roept de Kerstman. 'Ik moet dit jaar de cadeaus rondbrengen zonder de slee met mijn zes rendieren. Ik ben zo moe, ik kan niet meer.'

'Wat is er gebeurd?' vraagt Papa Beer.

'Mijn rendieren zijn allemaal verkouden, en mijn vrouw heeft ze in bed gestopt.'

'Maar dan toch wel met bedsokken en warme thee, hoop ik?' vraagt Mama Beer.

'Ja, ja,' mort de Kerstman moedeloos.

'Kom gauw aan boord, er is plek genoeg,' antwoordt Papa Beer.
En de Kerstman klimt met zak en al aan boord.
Al snel zingt hij ook uit volle borst het sleelied mee:

Oh wat gaat dat heerlijk zo, wie wil er met ons mee?
En dit is zo de eerste keer dat hij in een slee met maar één paardje de cadeaus rondbrengt.

Voor Tom is er een speelgoedtrein en Doortje krijgt een pop.

Ronald krijgt een hobbelpaard, en Bram een mooie boot.

Als de zak van de Kerstman helemaal leeg is, klimmen de Kerstman en zijn helpers weer in de arrenslee. De zweep van Papa Beer zwiept door de lucht en… hop, daar gaan ze. Eerst brengen ze de Kerstman terug naar huis.

Als ze bij de Kerstman thuis zijn aangekomen, wacht hen een mooie verrassing!
De vrouw van de Kerstman heeft een kerstdiner voorbereid, met heel veel kalkoen en pudding, en lekkere vis speciaal voor Rob Zeerob en Kitty Kat, knapperige worteltjes voor de konijntjes en maïs voor Basje Big.

Na het eten gaan ze rondom de grootste kerstboom zitten die je ooit hebt gezien.

Voor ieder is er een cadeau, en er zijn ballonnen die ze mogen opblazen en spelletjes om mee te spelen – wow, wat een feest!

Voordat ze huiswaarts keren, piepen ze nog even binnen bij de zes zieke rendiertjes. Die liggen warm ingestopt in bed te snotteren.
'Fijne kerst!' roepen de vrienden.
En de rendieren antwoorden: 'Bijne kerst, dullie owk!'

Dan klimmen ze weer met z'n allen in de arrenslee – Papa Beer, Mama Beer, de twee babybeertjes, Knuffie Konijn en zijn drie zusjes, Basje Big en Kitty Kat, Hendrik Hond en Rob Zeerob en Willem Wasbeer, en als laatste Steffie Struisvogel.

Zoevend door de sneeuw, het paardje in galop.
Dwars door veld en dorp, de berg op naar de top.
Belletjes tink'len luid. Jongens, ga opzij.
Ieder zingt uit volle borst. Wij voelen ons zo vrij.

Papa Beer geeft de zweep een sierlijke zwieper – swoesjh – en daar gaan ze weer, in de open arrenslee. En weet je welk lied ze zingen?

Zoevend door de sneeuw, het paardje in galop.
Dwars door veld en dorp, de berg op naar de top.
Belletjes tink'len luid. Jongens, ga opzij.
Ieder zingt uit volle borst. Wij voelen ons zo vrij.
Jingle bells, jingle bells, in een open arrenslee.
Oh wat gaan we heerlijk zo, wie wil er met ons mee?
Hé! Jingle bells, jingle bells, in een open arrenslee.
Oh wat gaat dat heerlijk zo, wie wil er met ons mee?

Een Gouden Boekje

het Kerstfeest der Dieren

DOOR Nienke Denekamp
TEKENINGEN VAN Raoul Deleo

‘Ga je mee in het bos wandelen?’ vroeg de vos aan de egel. ‘Dan halen we meteen een kerstboom voor het feest.’

De egel zat aan haar bureau. Op de grond lag een grote berg kerstkaarten.

Published by Rubinstein Publishing bv, Amsterdam by arrangement with Random House Children’s Books, a division of Random House Inc., New York, New York, U.S.A.
Tekst: Nienke Denekamp Illustraties: Raoul Deleo

'Ik heb het veel te druk om zomaar te gaan wandelen,' zei de egel. Ze zuchtte. 'Ik moet al die kaarten nog op de bus doen en daarna moet ik de cadeautjes inpakken.'

'Ah, ga nou mee, joh,' zei de vos. 'Er is nog tijd genoeg.'

'Je hebt eigenlijk wel gelijk,' zei de egel. 'Wacht even, ik kom eraan.'

Samen liepen ze naar het hol van de hermelijn. De hermelijn haalde net haar beroemde kerstkransjes uit de oven.

'Nou, dat ruikt weer héérlijk!' riepen de vos en de egel.

'Oh echt?' zei de hermelijn. 'Ik sta al de hele middag te bakken. Ik ben helemaal misselijk van die geur.'

'Ga anders gezellig mee naar het bos,' zei de egel. 'Even een frisse neus halen.'

'Eigenlijk kan het niet,' zei de hermelijn. 'Ik moet ook nog een spannend verhaal schrijven, om op kerstavond voor te lezen.'

En toch ging ze mee.

Naast de hermelijn woonde het konijn. Er kwam gemopper uit zijn hol.

'Buurman, wat doe je allemaal?' riep de hermelijn.

Het konijn kwam naar buiten. Een snoer met kerstboomlampjes zat om zijn lijf gewikkeld.

'WIE heeft de kerstboomlampjes vorig jaar opgeborgen?' riep het konijn woedend. 'Hoe kan ik nou slingers voor de boom maken, als ik de hele tijd die lampjes uit de knoop moet halen?'
De vos, de egel en de hermelijn maakten hem los. Ze verzonnen een goeie grap om hem weer aan het lachen te krijgen.

'Weet je wat goed voor je is?' vroeg de egel, toen iedereen uit was gelachen. 'Een flinke boswandeling.'

Met z'n vieren wandelden ze naar het bos, waar de mooiste kerstbomen groeiden. Het was een vrolijke wandeling. Het was bijna kerst, maar ze hadden nog tijd genoeg om alle klusjes af te maken.

De dieren hoopten dat het zou gaan sneeuwen.

'Van sneeuw wordt iedereen altijd blij,' zei de hermelijn.
Toen stonden de dieren ineens voor de mooiste boom van het bos.
'Die!' riepen ze allemaal tegelijk.

‘Ik pak mijn bijltje,’
zei het konijn. Hij rommelde in
zijn rugzak.
‘Het is een mooie, stevige
boom,’ knikte de vos. Tevreden
schopte hij tegen de stam.

Plof! Daar viel een kleine staartmees uit de boom. Zijn snavel trilde en toen begon hij te huilen.

'Ach kleine staartmees, hebben we je laten schrikken?' vroeg de egel. Ze vond het zielig.

'Kunnen jullie even aan de kant gaan?' vroeg het konijn. Hij tilde zijn bijltje op...

‘Ho!’ hoorden de dieren achter zich. Achter hen stonden nog veel meer vogels. De vos, de egel, de hermelijn en het konijn wisten niet dat er zoveel verschillende vogels waren. Er waren kleine en grote vogels bij, heel gewone en heel bijzondere. Maar ze keken geen van allen vrolijk.

‘Wat komen jullie doen?’ vroeg een Vlaamse gaai.

‘We komen een kerstboom halen,’ zei de vos. ‘Deze boom.’

‘Dat pikken we dus niet,’ zei de gaai. ‘Dit is ons bos.’

‘Maar jullie hebben toch bomen genoeg? We mogen toch wel één boompje meenemen?’ riep de hermelijn verbaasd.

‘Aan de kant!’ zei het konijn. Hij tilde zijn bijltje weer op.

De staartmees sloeg zijn vleugels om de stam en begon nog harder te huilen.

Toen vloog er een witte bal door de lucht, over de hoofden van de dieren heen.

'Wat is dat hier voor herrie?' vroeg de bal. 'Ik kan er niet van slapen.' Hij ging op zijn kop aan een tak hangen en geeuwde.

'Ben jij ook een vogel?' vroeg het konijn verbaasd.

'Ik ben een witte vleermuis,' zei de witte vleermuis.

‘Ik kan vliegen en toch ben ik geen vogel. En ik heb dus geen veren, maar een vacht.’

‘Dan moet jij maar zeggen wie gelijk heeft,’ vonden de dieren.

‘Ik weet niet wie er gelijk heeft,’ zei de witte vleermuis. ‘Ik weet alleen dat jullie te veel lawaai maken. Er wonen hier nog meer dieren. Die proberen een winterslaap te houden. Dus jullie moeten dit met elkaar uitpraten, en niet uitschreeuwen. Welterusten.’

Toen vloog hij weg.

De vogels en de andere dieren schaamden zich een beetje voor de kinderachtige ruzie. Het konijn borg zijn bijltje op. De dieren gingen in een kring zitten en ze praatten over de kwestie met de kerstboom, zonder te schreeuwen.

Het werd donker en het begon te sneeuwen, maar niemand had het door.

'Oké, oké,' zei de egel. 'Dan laten we die boom wel staan.'

‘En ons kerstfeest dan?’ vroeg het konijn.

De gaai had ineens een idee. ‘Ik nodig jullie uit om het kerstfeest hier, bij de boom, te vieren. Met ons!’

‘Dat moet dan maar,’ zeiden de vos, de egel, de hermelijn en het konijn.

De dieren liepen weer helemaal naar huis. 'Eigenlijk ben ik met kerst het liefst thuis, in mijn eigenste gezellige hol,' zei de vos. 'Jullie dan?'

Niemand gaf antwoord. Het was al bijna kerst en ze moesten nog ontzettend veel klusjes doen.

De volgende dag pakte de egel alle kerstcadeautjes in glimmende papiertjes.

Het konijn knipte met een scherpe schaar een mand vol bloemen. Daarna vlocht hij een slinger voor in de boom.

De hermelijn schreef een spannend kerstverhaal dat ze 'Het kerstfeest der dieren' noemde.

De vos probeerde ondertussen iedereen zo goed mogelijk te helpen. Hij stopte de kerstkransjes in een gezellig trommeltje, zodat ze niet slap zouden worden. Daarna plakte hij postzegels op de kerstkaarten en bracht ze naar de brievenbus, en hij rende vlak voor sluitingstijd nog even naar de winkel voor een busje poedersuiker. Tussendoor deed hij ook nog snel even een afwasje.

Vlak voordat het kerst was, op het allerlaatste nippertje, waren de dieren klaar. Ze deden hun deuren op slot. Met alle cadeautjes, lampjes, slingers, kerstkransjes en het kerstverhaal liepen ze weer helemaal door de sneeuw naar het bos.

Ze waren moe van alle klusjes die af moesten voordat het kerstfeest begon.

'En toch ben ik met kerst het liefst thuis, in mijn eigenste gezellige hol,' zei de vos. 'Jullie dan?' Maar niemand gaf antwoord.

Voor ze het wisten waren ze bij de mooie boom.

'Het feest kan beginnen!' riep de witte vleermuis, die speciaal voor het feest wakker was geworden. Hij had er echt zin in.

'Van harte welkom in ons bos,' zei de Vlaamse gaai een beetje zenuwachtig.

Maar de vos, de egel, de hermelijn en het konijn konden even niks terugzeggen. Ze stonden stokstijf en lieten alle spullen uit hun poten vallen. Hun ogen werden groot van verbazing.

'Oh, dennenboom!' riep de egel.
'Oh, dennenboom!' riep de hermelijn.
'Wat zijn je takken wonderschoon!'
riepen de vos en het konijn.
De boom was duizend keer mooier
dan de vorige keer. Toen klonk er een
fantastisch feestlied.

Welkom lieve dieren, welkom in het bos.
Welkom konijn, hermelijn en egel,
en jij ook welkom vos.
We gaan het samen vieren,
het wordt een prima feest.
Het is het kerstfeest der dieren,
o ja, het kerstfeest der dieren,
daar moet je zijn geweest.

De hele boom was versierd met vogels. Ze hadden hun veren geborsteld, en hun oogjes glommen van plezier.

Toen was het tijd voor de chocolademelk en de kerstkransjes. Het was echt oergezellig.

‘Prima feest!’ riep het konijn naar de vos.

‘Volgend jaar weer!’ riep de vos naar het konijn.

‘Dus jullie vonden het lied goed?’ vroeg de Vlaamse gaai.

‘Ongelofelijk goed,’ zei de egel.

‘Dan is het nu tijd voor een dutje,’ zei de witte vleermuis nadat hij een hele berg kerstkransjes had gegeten. Zuchtend en steunend vloog hij naar zijn grot voor de rest van zijn winterslaap.

De hermelijn las het spannende kerstverhaal voor. Heel zachtjes, om de vleermuis niet nog eens wakker te maken.

Een Gouden Boekje

Van lente tot winter

DOOR Hans van der Voort
TEKENINGEN VAN Fiep Westendorp

Published by Rubinstein Publishing bv, Amsterdam by arrangement with Random House Children's Books, a division of Random House Inc., New York, New York, U.S.A.

Samenstelling: Gioia Smid

Lente

De lente is een blij seizoen,
waarin de tulpen bloeien.

De vogeltjes leggen een ei
en lammetjes gaan stoeien.

De bomen worden weer mooi groen,
en kinderen plukken bloemen.

’t Haasje denkt al aan de Paas.
Hoor jij al bijtjes zoemen?

Roeien in het riet

Kasper zingt het hoogste lied,
hij voelt zich blij van binnen
daar met z'n meisje in het riet,
dat zachtjes lijkt te spinnen.

Die bloemen kreeg ze net van hem,
die paarse vindt zij prachtig.
En Kasper zingt met mooie stem
en roeit intussen krachtig.

De moedereend zwemt trots voorbij,
met haar zes leuke kindjes.
De kikker kwaakt, wat is hij blij,
ineens met zoveel vrindjes.

De hond houdt ook een bloempje vast.
Hij vindt het fijn, dat drijven.
Er zingt een vogel in het riet,
kon 't zo maar altijd blijven…

Paashaas

Voor Pasen gaan we eitjes kleuren,
pak de spulletjes maar gauw.
Maar het moet precies gebeuren,
anders zit de verf op jou!

Ja, dat kleuren moet je leren:
eerst wat verf op ieders kwast.
Dan eens op een ei proberen.
Doe je best, het lukt je vast.

Eén ei kan je wel vergeten,
daar kwam al een kuiken uit.
Hij heeft de schalen weggesmeten
met z'n eigenwijze snuit.

Morgen is de tafel prachtig,
ieder ei is mooi versierd,
Terwijl de haas denkt: allemachtig,
wordt dit feest voor mij gevierd?

zomer

's Zomers kun je buiten spelen,
want het is een warm seizoen.

De grote zon staat dan te stralen,
iets anders hoeft ie niet te doen.

Je kunt de stoep vol krijten
en rennen door de straten.

En naar het strand, kamperen,
of gewoon de hond uitlaten.

Twee indiaantjes

Kijk, wij spelen indiaantje
met een totem en een tent,
en wij roken fijn een pijpje,
want dat is een indiaan gewend.

Straks spreken wij wijze spreuken,
maar nu roken we nog door.
En maak je vooral geen zorgen:
het zijn vredespijpen hoor!

De indianenpoes zoekt sporen,
oh, dat kan ie reuze vlug.
Wacht, nu gaat mijn broertje spreken
en hij zegt heel plechtig 'Uch!'

Hij had heel wat te vertellen,
van de buffels en de jacht.
Van de cowboys op hun paarden,
en de sterren in de nacht.

Zandkasteel

Lex vindt het heerlijk op het strand,
hij zal zich nooit vervelen.
Ook Emma vindt het warme zand
’t fijnst om in te spelen.

Dat wordt een prachtig zandkasteel,
zoals zij dat versieren,
met mooie vlaggen, en zo veel!
Is daar soms iets te vieren?

Straks gaan ze samen in de zee,
niet verder dan hun knietjes.
De bal die mag natuurlijk mee,
dan zijn ze met z’n drietjes.

En ’s avonds als zij slapen gaan,
dan zegt de zee: ‘Da’s pech.
Ze hadden het zo mooi gemaakt
maar toch spoel ik het weg.’

Vogelverschrikker

Zo, daar zullen ze van schrikken!
Voor de vogels vette pech!
Met z'n hoed en strooien prikken
jaagt ie alle dieven weg.

Maar Jos en Agnes weten beter,
'tis gewoon een strooien pop.
En zo'n fijn oranje wortel
eten ze nu heerlijk op.

Zelfs de hond kauwt op een wortel,
en de pop van stro blijft stil.
Hé, daar komt de eerste vogel,
die doet ook al wat ie wil.

Dan komen alle vogels pikken,
mmm, wat is dat lekker, zeg!
Alleen de boer die is verdrietig:
nu zijn al zijn wortels weg.

herfst

In de herfst vallen de blaadjes
van de bomen op de grond.

En de kinderen strooien zaadjes
voor de vogels in het rond.

Je kunt ook kastanjes zoeken,
of eikeltjes, een heleboel.

Soms vind je in verre hoeken
plots een mooie paddestoel.

Circus

Dametjes en kleine heertjes,
hier is circus Tingeling.
Straks springt hier mijn eigen tijger
met een snoekduik door de ring.

Maar de poes heeft andere plannen,
hij is doodsbang voor die ring.
De hoepel heeft wel mooie strikken,
maar het blijft een heel eng ding.

Rob zwaait zwierig met zijn stafje,
ook met linten mooi gemaakt.
'Kom maar op poes,' roept hij lokkend,
maar de poes is bang: hij staakt.

Jongens, wat is dat voor circus,
alles is wel mooi gekleurd,
maar hoe hard Rob ook blijft roepen,
nog altijd is er niets gebeurd…

Dierendag

Dat is toch om gek te worden:
kijk eens wat een groot stuk taart.
Eet Marloes dat in haar eentje?
Wordt er niets voor poes bewaard?

Ze kunnen het maar niet geloven,
ach wat hebben ze een trek.
Hun oogjes staan bijna op steeltjes
en hun tong hangt uit hun bek.

Eentje ligt er op haar hoofdje,
en een ander neemt een lik.
Die onderaan krijgt nog het meeste,
die krijgt vast nog wel de hik.

Ach, Marloes maakt maar een grapje.
't Is toch dierendag vandaag!
Iedereen krijgt heus een hapje.
Die Marloes met haar geplaag!

winter

In de winter kan je schaatsen,
als er ijs ligt in de gracht.

Trek vooral een dikke broek aan,
want dan val je altijd zacht,

Tja, je kunt ook binnen spelen,
met de warme kachel aan.

Maar als er een dik pak sneeuw ligt,
is er binnen niet veel aan.

Poppenkast

Als het buiten veel te koud is,
spelen ze graag poppenkast.
Met Jan Klaassen en Katrijntje,
en wie er nog meer in past.

Bastiaan en Marjoleintje
doen aan elke hand een pop.
Voor twee poppen was geen ruimte,
drinken zij de ranja op?

De poppenspelers kijken treurig.
Is het dan voor hen geen feest?
Zoveel vlaggen en ballonnen
zijn er nou nog nooit geweest.

Maar ze vinden het zo jammer,
dat er nergens kinderen zijn.
Er is niemand komen kijken
naar Jan Klaassen en Katrijn!

Griep

Dokter Tom en zuster Ellen
hebben weer een groot publiek,
want in het midden van de winter
worden heel veel poppen ziek.

Ook veel kindjes moeten hoesten.
Hoor, hun adem is gepiep.
En de grote mensen roepen:
'Dokter, kom, m'n kind heeft griep!'

Beer heeft veel pijn in z'n buikje,
Dokter Tom hoort vreemd geruis.
Daarom zegt hij tegen Beertje:
'Blijf nog maar een dagje thuis.'

Kijk, er zijn ook drie patiëntjes
met van alles in verband.
En de poes is uitgegleden.
Tja, de winter is in het land.

Met hun grote warme mutsen
en hun wollen wantjes aan,
willen deze stoere kinderen
lekker aan het sleeën gaan.

Poes draagt ook een grote ijsmuts.
Hij heeft zelfs een broekje aan.

Maar als jij nu niet helpt trekken,
blijft de slee, met alle kindjes,
daar de hele winter staan.

Richard Scarry

De sneeuwschoenkonijnen

Familie Konijn zat gezellig bij het haardvuur in hun knusse huisje.

Het waren Moeder en Vader Konijn, en drie jonge konijnen die nog nooit een kerstfeest hadden meegemaakt.

‘Ten eerste is er een boom,’ vertelde Moeder Konijn. ‘Oma heeft altijd een boom. Die wordt versierd met nootjes en besjes en hij wordt verlicht met kaarsjes. En er zullen ook cadeautjes in hangen voor drie brave kleine konijntjes!’

De ogen van de konijntjes glommen alsof de kaarsen al waren aangestoken.

'En jullie opa gaat natuurlijk spelen op zijn konijnenpiano,' voegde Vader Konijn eraan toe. 'Dan speelt hij 'O, dennenboom' en 'Jingle Bells'.

Nu begonnen de konijntjes te neuriën. Die liedjes kenden ze wel. Ja, ze wisten inmiddels alles van Kerstmis bij oma. En dus zongen ze tot hun oren ervan wiebelden.

Toen sprong een van de konijntjes op. Het was een klein, dik konijn en hij likte langs zijn lippen. 'En daarna komt het kerstdiner,' zei hij. 'Een grote, gebraden wortel in suikersaus, en daarbij knollenpuree met boter en glimmende rode bessen. En als toetje een ronde taart met kaarsjes, met erbovenop een tak hulst!'

Het dikke konijntje plofte weer in zijn stoel. 'Ik wou maar dat het al morgen was,' fluisterde hij. 'Ik wou dat we nu al naar oma gingen!'

De andere konijntjes knikten en Moeder Konijn glimlachte.

'We gaan al vroeg in de ochtend,' zei Vader Konijn, met een blik op zijn horloge. 'En nu is het konijntjesbedtijd.'

In een mum van tijd lagen de drie kleine konijnen in hun bedjes diep te slapen.

Ze droomden van stralende kaarsen.

En prachtige cadeaus.

En een glanzende boom.

En dwarrelende sneeuw-vlokjes.

Maar toen ze de volgende ochtend uit bed sprongen en uit het raam keken, waren er geen dwarrelende sneeuwvlokjes.

Nee, dit kon je geen dwarrelen meer noemen!

Het had de hele nacht stevig doorgesneeuwd.

De sneeuw bedekte de heuvels en het hoge gras en alle konijnenpaden. Het lag opgehoopt tot halverwege het huis; zo'n dik pak dat hun laarzen en broeken erin verdwenen – de konijntjes zouden er zelf helemaal in verdwijnen!

'De sneeuw is te diep!' riep het dikke konijntje.

'Nu kunnen we niet naar oma,' zei zijn broer.

En het kleine meisjeskonijn trok haar schort over haar snuit om haar tranen te verbergen.

Na een tijdje schuifelden de konijntjes langs de trap naar beneden. Treurige konijntjes waren het, die snuften en snikten en dapper hun tranen wegslikten.

Maar hun vader en moeder leken helemaal niet bedroefd. Aan

het ontbijt zaten ze opgewekt te praten, alsof er niets aan de hand was. Na het ontbijt haastte hun papa zich naar zolder.

Glimlachend en met een trotse blik in zijn ogen kwam hij weer terug, met een paar vreemde dingen onder zijn arm. Ze zagen eruit als tennisrackets. Maar wie ging er nou tennissen in zulke diepe sneeuw?

Niemand.

'Wat zijn dat?' vroeg het dikke konijntje uiteindelijk.

'Sneeuwschoenen,' zei zijn vader lachend. 'Daarmee kun je zomaar bovenop de dikke sneeuw lopen.'

De konijntjes luisterden al niet meer. Snel trokken ze hun warmste kleren aan. En toen verzamelden ze alle spannende geheime pakjes die ze hadden gemaakt.

Al snel stapte de hele familie konijn de knerpende witte sneeuw in. En met die geweldige sneeuwschoenen wandelden ze zo over het dikke pak heen.

Ze maakten enorme sporen van hun huis naar het huis van oma. En onderweg zongen ze:

Sneeuwschoenkonijnen, dat zijn wij.

We gaan naar oma's kerstpartij.

Hulst en speelgoed, taart en snoep,

brandende kaarsen en vrolijk geroep.

Ja, wij gaan naar oma's hol

en zingen een kerstlied

want wij hebben lol!

Richard Scarry

Het kerstgeschenk van meneer Egel

Het was kersttijd in Londen. De familie Egel liep arm in arm door de besneeuwde, schemerige straten. Londen was nog mooier dan meneer Egel zich had voorgesteld. De winkels waren wonderbaarlijk, vol stralende lichtjes en prachtige spullen!

Zelfs de muizen liepen rond met cadeautjes voor hun vrienden en riepen: 'Vrolijk kerstfeest!'

'Ik zou wel een geschenk voor mevrouw Egel willen kopen,' zei meneer Egel tegen zichzelf.

Maar wat voor geschenk?

Geen bontjas. Mevrouw Egel had er al een, die haar perfect paste. Geen diamanten kroontje. Dat zou te zwaar zijn voor haar hoofd. Dat deed misschien wel pijn!

En zeker geen fles parfum. Egels houden van de geur van varens en doornstruiken in het bos.

Plotseling viel meneer Egels blik op iets heel moois. Een glimmende rode appel lag vlak bij de stoeprand in de sneeuw, verloren en vergeten.

Meneer Egel raapte hem op en veegde de sneeuw eraf. Toen poetste hij hem op met zijn wanten.

Hij gaf hem aan zijn vrouw en zei: 'Vrolijk kerstfeest, liefste!'
Mevrouw Egel gaf hem een kus. 'Dank je,' zei ze. 'Daar ga ik een grote, warme, lekker zoete appeltaart van maken!'
De kleine egels likten langs hun lippen en riepen telkens weer: 'Vrolijk kerstfeest! Vrolijk kerstfeest!'

En de familie Egel haastte zich arm in arm naar hun gezellige hol, dat al snel heerlijk rook naar appel en kaneel en knapperige, goudbruine deegkorst – de allerfijnste kerstgeur die er bestaat!

UITGEVERIJ RUBINSTEIN • GOUDEN BOEKJES